Hurra, Schulanfang!

Mein größtes Abenteuer in Schnapp-schüssen

Copyright © 2023 Marie Nielsen

Alle Rechte vorbehalten.

Die Rechte des hier verwendeten Textmaterials liegen ausdrücklich beim Verfasser. Eine Verbreitung oder Verwendung des Materials ist untersagt und bedarf in Ausnahmefällen der eindeutigen Zustimmung des Verfassers.

Willkommen in deinem Eintragebuch zur Einschulung!

Liebe/r _____,

ich wünsche dir alles Liebe zu deinem ersten Schultag!

Ich hoffe, dass du einen schönen Tag hast und dich gut in deiner neuen Schule einfindest. Es ist aufregend, an einem neuen Ort zu sein und viele neue Dinge zu lernen. Aber keine Sorge, du wirst schnell merken, dass die Schule voller toller Menschen ist, die dir helfen, dich zurechtzufinden und dich unterstützen.

Ich bin sicher, dass du viele tolle Erfahrungen machen wirst und vieles lernen wirst, das dir später im Leben von Nutzen sein wird. Nutze diese Gelegenheit, um neue Freunde zu finden, deine Fähigkeiten zu entwickeln und deine Träume zu verfolgen.

Viel Glück und Erfolg auf deinem Weg wünscht dir

_____.

Viel Spaß beim Schreiben und Ausfüllen mit diesem Album. Und ich hoffe, dass es dir hilft, deine Einschulungszeit voll und ganz zu genießen!

DAS BIN ICH

- Ich kann schon meinen Namen schreiben _____

- Mein Spitzname _____

- Ich wohne in _____

- Ich bin _____ Jahre alt und wurde in _____ geboren.

- Meine Telefonnummer: _____

- Meine Augenfarbe ist _____

- Meine Haarfarbe ist _____

- Ich bin _____ cm groß.

Das mache ich gerne:

Meine Lieblingsfarbe/n

Mein Lieblingsessen

Mein Lieblingstier:

Mein Lieblingsfilm:

Mein Lieblingsbuch:

Mein Lieblingslied:

MEIN SCHULWEG

SO KOMME ICH JEDEN TAG ZUR SCHULE:

Male hier auf, wie du jeden Tag zur Schule kommst (zu Fuß, mit dem Auto, mit dem Bus…)

Mein Schulweg dauert _____ Minuten.

☐ Ich gehe alleine
☐ Ich gehe mit _____

Das sehe ich auf meinem Schulweg:

MEINE SCHULE

Meine Schule ist die

Die Adresse der Schule ist

Unser/e Direktor/in heißt

Mein Lieblingsort in der Schule ist
weil

Das ist ein Foto von meiner Schule

Ich gehe in die Klasse _____ .

In meiner Klasse sind _____ Schüler/innen.

Wir sind _____ Mädchen und _____ Jungs.

Mein/e Sitznachbar/in heißt _____ .

Meine Klasse

UNSER KLASSENFOTO

Das ist mein Klassenzimmer

So sieht mein Klassenzimmer aus:

_____
_____
_____
_____

Das sind meine Lieblingsdinge in meinem Klassenzimmer:

_____
_____
_____

Das mag ich besonders an meinem Klassenzimmer:

_____
_____
_____

DAS IST EIN FOTO VON MEINEM KLASSENZIMMER

Hier ist ein Foto von mir bei meinen ersten Hausaufgaben:

MITTWOCH 	DONNERSTAG 	FREITAG 

Auf den folgenden Seiten kannst du Bilder von den schönsten Momenten deiner Einschulungszeit einkleben. So kannst du dich für immer an diese besondere Zeit erinnern.

Meine schönsten Erinnerungen an die Einschulung

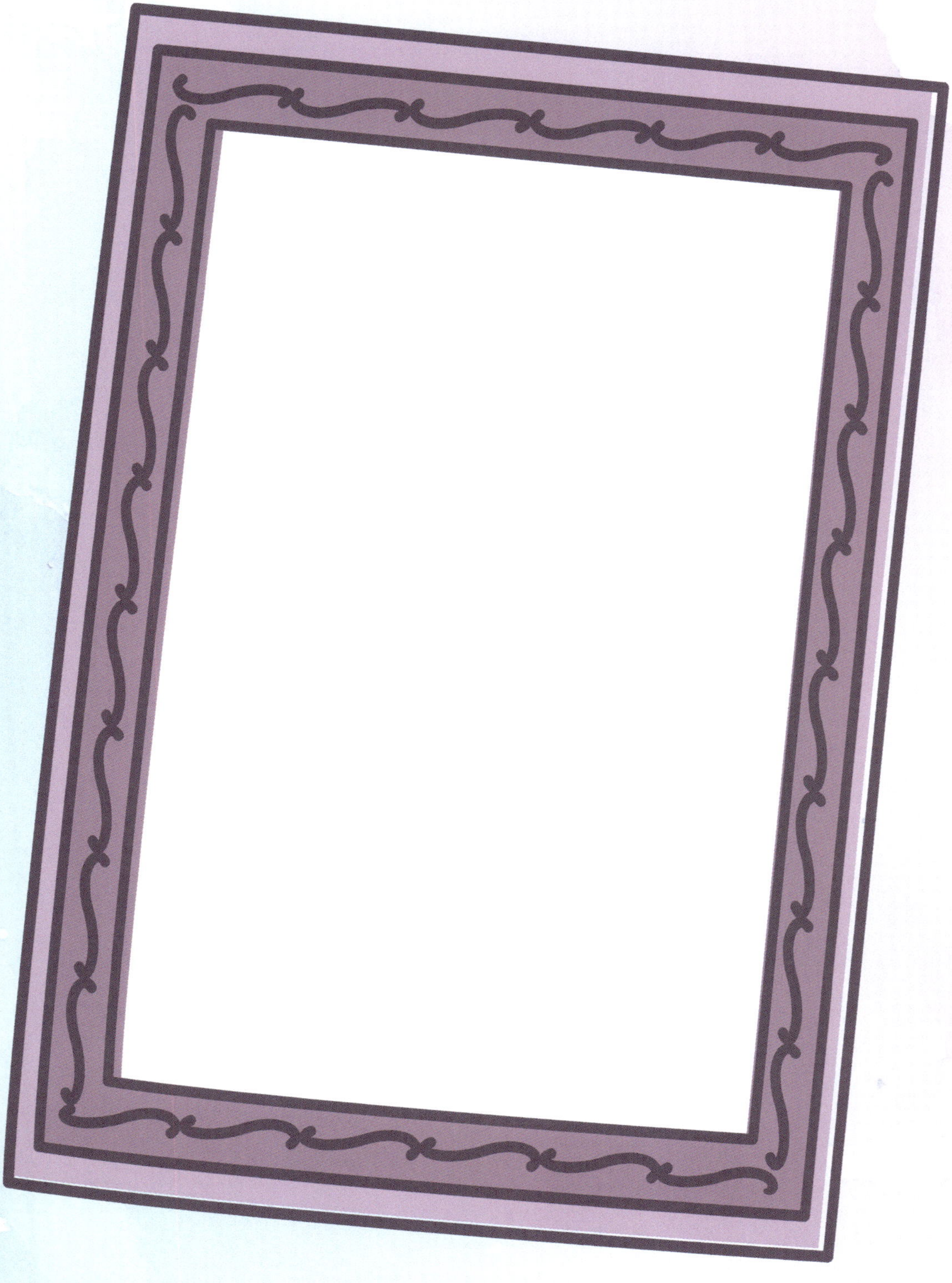

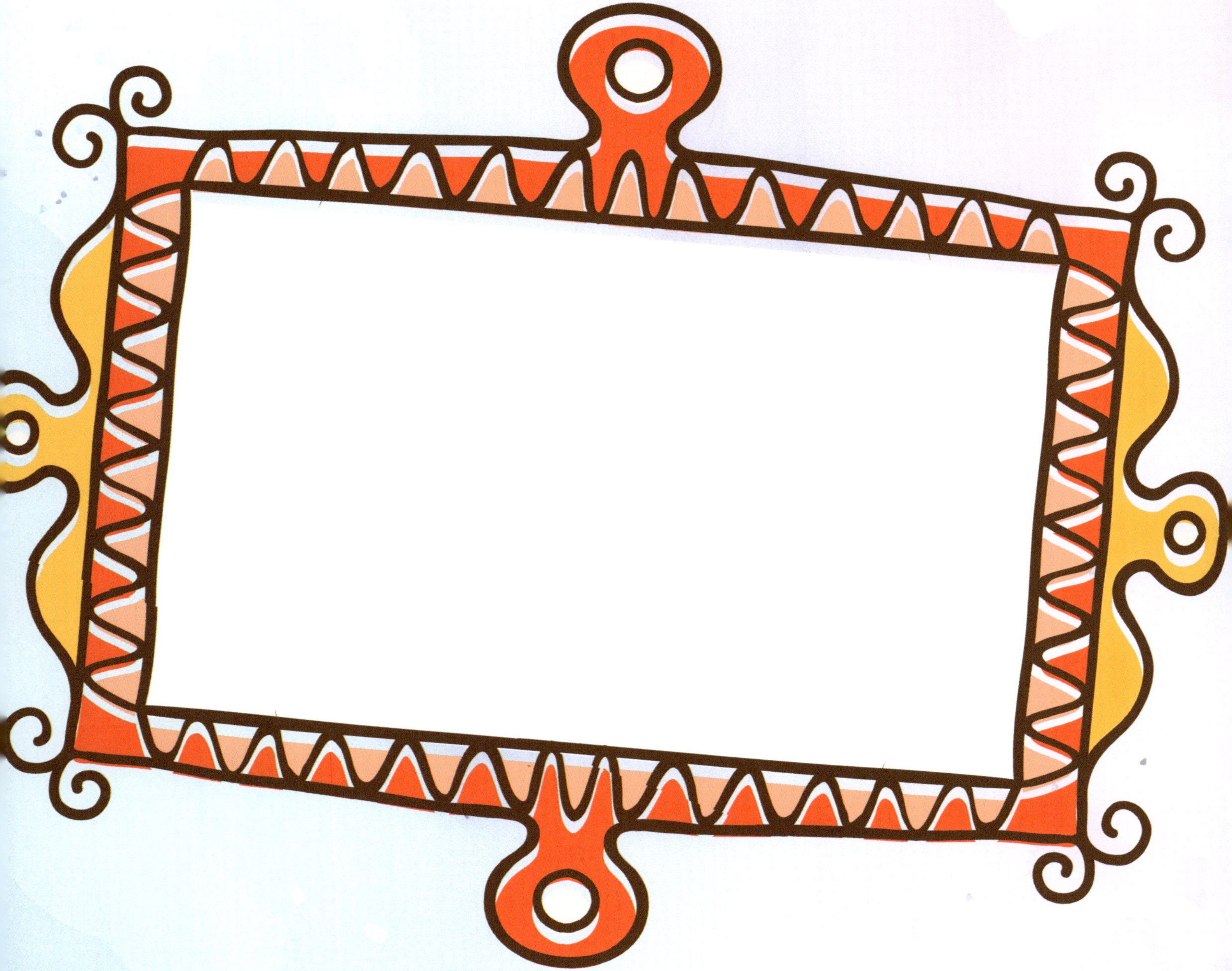

KROKO VERLAG

LASS UNS WISSEN, WAS DU DENKST!

Dein Feedback ermöglicht es uns, gemeinsam großartige Bücher zu gestalten. Deshalb würden wir uns über eine ehrliche Rezension freuen.

Scanne einfach den folgenden QR Code und gib ein ehrliches Feedback ab:

KROKO VERLAG

Entdecke weitere Bücher in unserem Online-Shop

http://kroko-verlag.com

Impressum

© Marie Nielsen

Das Werk ist urheberrechtlich geschützt. Jede Verwendung ohne die ausschließliche Erlaubnis des Autors ist untersagt. Dies gilt insbesondere für Vervielfältigung, Verwertung, Übersetzung und die Einspeicherung und Verarbeitung in elektronischen Systemen.

Für Fragen und Anregungen:
kontakt@kroko-verlag.com

ISBN: 978-3-949809-40-8

Originalausgabe
Erste Auflage 2023
© 2023 Kroko Verlag, ein Imprint der Wunsch Buch LLC, St. Petersburg, US

Redaktion: Leopold Heptner
Lektorat und Korrektorat: Meike Licht
Covergestaltung: Danileoart, www.danileoart.com
Satz und Layout: Danileoart

Alle Rechte vorbehalten. Vervielfältigung auch auszugsweise, nur mit schriftlicher Genehmigung des Verlages.

Printed in Germany
by Amazon Distribution
GmbH, Leipzig

Hurra, Schulanfang!

Die ersten Schultage sind eine magische Zeit des Wandels, des Lernens und des Entdeckens. Es sind Tage, die du und dein Kind ein Leben lang schätzen werdet.

Dieses Buch ist mehr als nur ein Fotoalbum – es ist eine Zeitkapsel, die du gemeinsam mit deinem Kind füllen kannst und ein Geschenk, das eines Tages weitergegeben werden kann. Es bietet Raum für die Erinnerungen an den ersten Schulranzen, die selbstgebastelte Schultüte, die ersten Freundschaften und vieles mehr.

Begleite dein Kind auf dieser besonderen Reise und füllt gemeinsam die Seiten dieses Buches mit unvergesslichen Momenten.

Ma maman est morte

des mots pour mieux comprendre